MEINER STRASSEN

TEXTE VON ISABELLA SCHNEIDER
ZU DEN BILDERN
VON ANSELM SPRING

PATTLOCH

Engel meiner Straßen
zwischen Steinen und Staub
finde ich immer wieder
Eure scheuen Grüße
Sternensplitter
Himmelsblumen
gestreut auf meinen Weg
in Gesichtern um mich
suche ich
Buchstabe für Buchstabe
Eure flüchtigen Namen
und lese
doch immer nur das eine
aus dunklen Silben
Ich bin da

Halte aus
wenn kahl
Deine Felder liegen
brach Deine Träume
hab Geduld
Eines Tages
wird Dich besuchen
der grüne Gesandte
der Hoffnung
der Vogel am Weg
kündet den Kommenden
In seinen Armen
bringt er Dir
den Frühling

Manchmal
blüht ein Lächeln
Blumen
in die trostlosen Wüsten
aus Schweigen
und ein Blick
zaubert Wellen der Zuneigung
von einem Ufer des Sees
zum anderen
In mancher Umarmung
hält die Zeit
staunend den Atem an
und vergißt sich selbst
selig
im Augenblick
Manchmal
malt ein Wort
die Sonne
in Gesichter
grau verhangen von Wolken
Manchmal
tragen Engel auch Namen
wie Du
und ich

Wenn doch
ein Engel käme
mit seinem Atem
blühte
Blumen
an die Eisfenster
und löste
die Spinnweben
aus meinem wirren Haar
meine wunden Hände
in den seinen
Es könnten Tränen fließen

In wieviel Nächten
schwarz von Grauen
heiß von Tränen
war hell Dein Licht schon
weit um mich gebreitet
und ich vernahm es nicht
ich sah Dich nicht
Erst seit dem Tag
da eine Hand
mein Leben pflückte
aus zerrinnenden Sekunden
weiterwob
am seidenen Faden
kurz bevor er riß
spüre wärmend
ich Dich nahe stehen
stille mir zur Seite gehen
seit jener Stunde
Du
mein Engel

Gehe Du
mit mir
die langen Tagesreisen
meines Lebens
Stunde um Stunde
immer weiter
bis zum
Tor der Dämmerung
Wenn über uns
die Sterne stehen
laß mich
Deine Hand suchen
im Dunkeln
Auf meine Finger
tastet sich schon
das Licht
des neuen Morgens

Manchmal
schlägt ein Augenblick Wellen
und ich bade
übergossen von Licht

Meinen Gedanken
wachsen Flügel
tragen fort
alles was kalt und klamm
nur Wärme noch
fühle ich in mir wachsen
fluten die entlegensten Winkel
meiner Seele

Auch wenn
ein anderer Moment
die Augen aufschlägt
pflücke ich lange noch
ihre Perlen von meiner Haut
das Geschenk einer Nähe
die keinen Namen kennt

In ausgebrannten Fensterhöhlen
treibt wieder grün
die Hoffnung
und der Himmel
deckt blau
das Dach
Allezeit möge
offen stehen
die Türe meiner Sehnsucht
den Boten des Höchsten
Das Licht in ihren Händen
salbt
meine immerwunden Träume

Unter die Sterne
ist geschrieben
Dein Name
und der Engel
der um Dich ist
buchstabiert
auf leichten Füßen
aus offenen Händen
den Segen
der über Dich gesprochen
das unendliche Alphabet
des Himmels
über Deinen Tagen
und Nächten
allezeit
sei getrost

Wo bist Du
das Dunkel zu umarmen
den Schmutz
auf der Rückseite der Tage
mit Armen aus Licht
die Schwere unserer Zeit
emporzutragen
auf den Flügeln Deiner Gedanken
damit sie wird
zu Lichtstunden
Lichtjahren
das Zeitliche zu segnen
mit Deinem ewigen Wort
Wo bist Du
Engel

Einmal
wird er kommen
der Engel
mit Blumen
in seinen Händen
Blumen
für diese wunde Welt
Frieden
blüht
das Wort
auf seinen Lippen
wenn er kommt
einmal
der Bote des Lichts

Meine Sehnsucht
die wildblühende
in den Wind schreiben
immer wieder
wer weiß wohin
vielleicht
keimt die Hoffnung
nur in luftigen Höhen
Manchmal
bekomme ich Antwort
im Flügelschlag
eines Augenblicks
scheue Grüße
aus unbekannter Ferne
als wäre da jemand
der liest und hört
vielleicht sogar versteht
irgendwo

Neige Dein Ohr
der Stille zu
und vielleicht spricht sie
in der Sprache der Sterne
aus blauer Nacht
mit der Stimme der Sehnsucht
in den ausverkauften Träumen
wie das Singen eines Engels
in unseren dunklen Melodien
vielleicht erhaschst Du
einen Klang
in dem
das Schweigen tönt
und hörst das Wunder
wachsen
in der Mitte Deiner Tage

Als Du kamst
damals
warst Du nicht im Wirbelsturm
der die Dächer
von den Häusern weht
auch nicht im Beben
das die Mauern zu Boden schlägt
und nicht im Feuer
das sie verzehrt
Als Du kamst
damals
war mein Herz
wie ein Blatt am Baum
das kein Wind zum Tanz bewegt
Als Du kamst
damals
war mein Herz
wie ein Espenlaub
durch das ein Zittern
leise geht

Dem Engel der Dämmerung
halte hin
die ungelösten Fragen
dieses Tages
die grellen Wunden aus Licht
In seine Hände
gib getrost
das Lachen und Weinen
auch all das Vergessene
Das Lächeln
das er Dir schenkt
wird golden
die Farben schmelzen
hin zum Horizont
und unter seinem Schweigen
leicht wie eine Feder
leg Deine müden Gedanken
sanft zur Ruh
Auf Deine Stirne
möge er hauchen
seinen Segen
das blaue Atemwort
der Stille

Es geschieht
inmitten
der Ruinen Deiner Gewohnheiten
des Abgrunds Deiner Fragen
plötzlich reißt der Vorhang auf
zu einer Welt
hinter der Deinen
Neben Dir
der dunkle Gefährte
Deiner Wege
und in Dein Erschrecken
schweigt
seine Berührung
Fürchte Dich nicht

Nicht
das durchdringende Auge
des Morgensterns
wacht über meinem Weg
und kein Leuchtfeuer
läßt den dunklen Himmel
über mir erstrahlen
Aber der warme Schein
der Kerze
die Du
für mich
ins Fenster stellst
weist mir die Richtung
Meile für Meile
in Deine offenen Arme
Dein Lächeln über meinen Straßen
Ich kann nicht irregehen

Glanz
der aufgehenden Sonne
in leergeweinten Augen

Wort
das Wunden verbindet
Brücken schlägt
über den Abgrund
und Wurzeln
immer tiefer
mitten ins Leben

Lied
auf zitternden Lippen
in einsamer Nacht
und auch der Name
des Engels
über dem Grab
daß dieses
längst nicht alles ist

Mit den leisen Sohlen
der Dämmerung
im Rauhreifschritt
über braungefrorenen Feldern
Nebelwortatem
gleitend
auf weißen Schwingen weit
wächst
das blaue Wunder
Schweigen

Unbekannter
von wievielen Seiten
umfließt
Deine Nähe mich
leicht wie ein Gewand
das der Wind bauscht
um mich spielt sein Flüstern
doch wohin ich blicke
sehe ich Dich nicht
Vielleicht aber
wirst einmal
aus den Schatten
Du
mir entgegentreten
von Angesicht zu Angesicht
und von Deinen Lippen
lese ich dann
Deinen Namen
aus Licht

Du hast mich angerührt
sacht
und die Mauern
auf meinem Herzen
zerfielen zu Staub
Aus meinen Tränenschleiern
blühen Regenbogen
mir den vielfarbenen Weg
zwischen Himmel und Erde
die leuchtende Spur
Deiner Schritte
hineingeschrieben
in die Mitte
meiner Tage
zwischen Schatten
und Licht
Laß mich Dir folgen

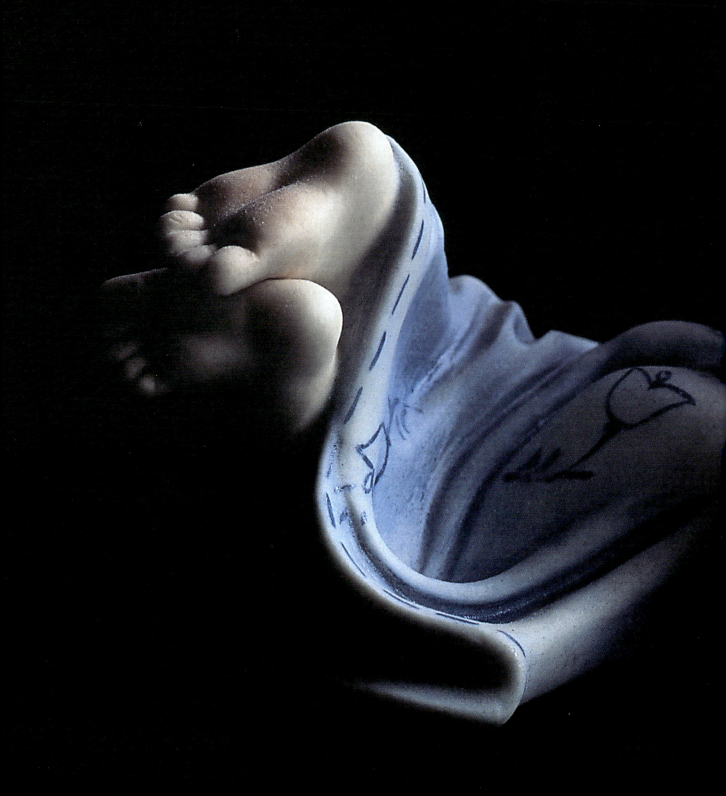

Wenn ich könnte
würde ich Dir
einen Engel schicken
der aus Deinen Tränen
Zuckerperlen lacht
mit Dir zusammen
Purzelbäume schlägt
hoch hinauf
bis zu den Wolken
wo Kopf und Seele
baumeln
freihändig im Wind
die Sterne zwinkern
Dir zu
und der Himmel
gibt seinen Segen
wenn's solch einen Engel gäb'

Mitten auf
dunklen Erdenwegen
ziehen auch heute noch
die Himmlischen
gehen ein
in unseren Häusern
gehen aus
in ihren Händen
das Licht
schreiben
über unsere Türen
die zerbrechliche Hoffnung
so sei es

Wenn an manchen Tagen
schwer ich trage
bis zur Neige
meiner Kraft
und der Schlaf
meine Nächte flieht
gespenstisch weit
bis zum Grauen
des Morgens
wisch mit kühler Hand
von meiner Stirn
die müden Gedanken
die fiebernden Fragen
und vom Wort Deiner Nähe
laß satt mich trinken
Atemzug für Atemzug
bis auf den Grund
meiner brennenden Sehnsucht
Du
sei bei mir

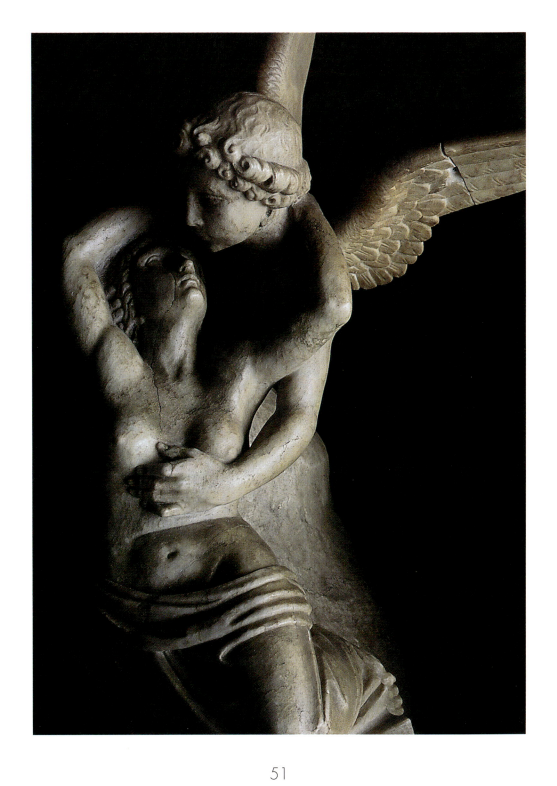

Meinen Worten
mögen Flügel wachsen
unter denen Du bergen kannst
Deine stumme Klage
den stillen Schmerz
vielleicht nicht für immer
aber doch von Heute
ins Morgen
und vielleicht
finden wir
an der Grenze ins Schweigen
auch den direkten Weg
zueinander
auf der Luftstraße
unserer Herzen
wer weiß

Im Licht
stilleflutend
wird das Fenster zur Welt
zum Farbkasten
und malt
wärmend bunte
Augenblicksbilder
wo nur Schatten
auf weißen Wänden
blüht
in einer Berührung
sacht wie das Morgenrot
die Blumen
Deiner Nähe

Habt Ihr
noch eine Botschaft
vielleicht ist keine
so lange ersehnt
herbeigefleht
unter Tränen
und Blut
Eure Worte
vielleicht endlich erhört
gesprochen
über die Gräber
dieser Welt
Friede sei mit Euch

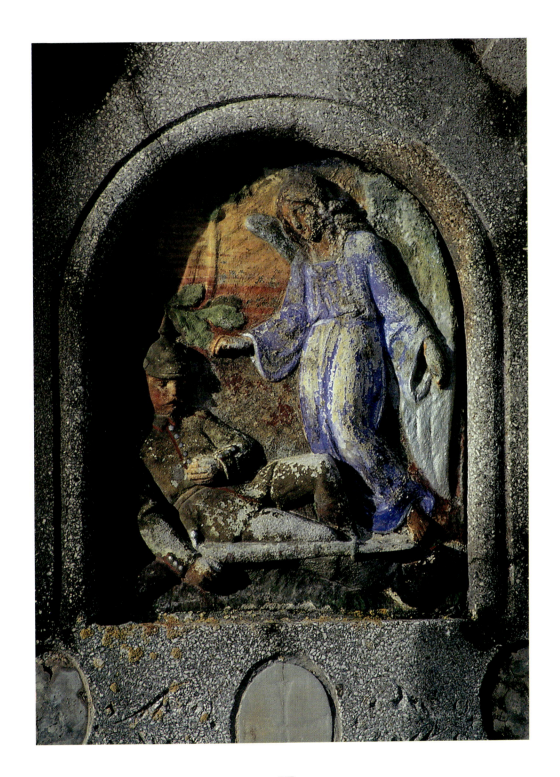

Löse Du mir
die Stricke
die mich binden
ins Dunkle meiner Angst
und ich will aufbrechen
heil werden
mit jedem Sonnenstrahl
der sacht
über meine Wunden streicht
Unter meinen Füßen
wird wieder wachsen
der Weg
Dein großes Atemwort
in meinem
Schritt für Schritt
und Dein Engel
möge sein
der laue Frühlingswind
in meinem Rücken
der mich weht
voran

Du sprachst
Meinen Atem
gieße ich aus
über diese Welt
meine Worte
schicke ich aus
damit sie leuchten
zwischen den Sätzen
den Himmel zur Erde
Wir
sehen die Leuchtspur
Deiner Boten
lesen in ihren Schritten
die unsere Wege kreuzen
fragen und staunen
und verstehen doch nicht

Von den Höhenflügen
meiner Träume
bis zu den Durststrecken
meiner Einsamkeit
auf meinen Expeditionszügen
ins Unbekannte
durch Tränentäler von Traurigkeit
und stille Oasen der Freude
von den Kreuzungen meines Lebens
bis zum großen Ziel der Reise
sei Euer Segen
mein Reisegepäck
allezeit
Begleiter meiner Wege
ihr Engel meiner Straßen

Bildbücher von Anselm Spring bei Pattloch

Anselm-Spring-Bibel
ISBN 3-629-01062-8

Johanna Schreiner/Anselm Spring
Ein neuer Morgen, ein neuer Tag –
Vom Trost
ISBN 3-629-00715-5

Isabella Schneider/Anselm Spring
Ich lebe meinen Traum –
Vom Glück
ISBN 3-629-00716-3

Isabella Schneider/Anselm Spring
Du hast dich mir vertraut gemacht –
Von der Freundschaft
ISBN 3-629-00717-1

Johanna Schreiner/Anselm Spring
In der Tiefe wächst die Kraft –
Vom Gesundwerden
ISBN 3-629-00718-X

Johanna Schreiner/Anselm Spring
Die Liebe ist leidenschaftlich
ISBN 3-629-00706-6

Angela Römelt/Anselm Spring
Die Liebe ist göttlich
ISBN 3-629-00707-4

Johanna Schreiner/Anselm Spring
Die Liebe ist ein Fest
ISBN 3-629-00708-2

Isabella Schneider/Anselm Spring
Die Liebe ist verrückt
ISBN 3-629-00709-0

Angela Römelt/Anselm Spring
Die Liebe ist Vertrauen
ISBN 3-629-00710-4

Isabella Schneider/Anselm Spring
Die Liebe ist geheimnisvoll
ISBN 3-629-00711-2

Angela Römelt/Anselm Spring
Die Liebe ist Hoffnung
ISBN 3-629-00712-0

Isabella Schneider/Anselm Spring
Die Liebe ist unendlich
ISBN 3-629-00713-9

Dank den Engeln aus Engeldorf
Lucia und Johann Fischer

Die Deutsche Bibliothek – CIP-Einheitsaufnahme

Engel meiner Straßen / Text von Isabella Schneider zu den
Bildern von Anselm Spring. – Augsburg: Pattloch, 1996
ISBN 3-629-00110-6
NE: Schneider, Isabella; Spring, Anselm

Es ist nicht gestattet, Abbildungen dieses Buches zu scannen, in PCs oder auf CDs zu speichern
oder in PCs/Computern zu verändern oder einzeln oder zusammen mit anderen Bildvorlagen
zu manipulieren, es sei denn mit schriftlicher Genehmigung des Verlages.

Pattloch Verlag, Augsburg
© Weltbild Verlag GmbH, 1996
Produktion: Ulrich Ruf, Freiburg
Reproduktion: Koppenhöfer, Mundelfingen
Gedruckt auf chlorfrei gebleichtem Papier.
Druck und Bindung: Druckerei Uhl, Radolfzell
Printed in Germany

ISBN 3-629-00110-6